BEI GRIN MACHT SICH IHR
WISSEN BEZAHLT

- Wir veröffentlichen Ihre Hausarbeit,
  Bachelor- und Masterarbeit

- Ihr eigenes eBook und Buch -
  weltweit in allen wichtigen Shops

- Verdienen Sie an jedem Verkauf

Jetzt bei www.GRIN.com hochladen
und kostenlos publizieren

Bibliografische Information der Deutschen Nationalbibliothek:

Die Deutsche Bibliothek verzeichnet diese Publikation in der Deutschen National-
bibliografie; detaillierte bibliografische Daten sind im Internet über http://dnb.d-
nb.de/ abrufbar.

Impressum:

Copyright © 2013 GRIN Verlag, Open Publishing GmbH
Druck und Bindung: Books on Demand GmbH, Norderstedt Germany
ISBN: 9783668214040

Dieses Buch bei GRIN:

http://www.grin.com/de/e-book/322170/evolution-und-wirtschaftsethik-versuch-
einer-rekonstruktion-der-grundidee

Gino Krüger

Evolution und Wirtschaftsethik. Versuch einer Rekonstruktion der Grundidee ökonomischen Handelns

GRIN Verlag

GRIN - Your knowledge has value

Der GRIN Verlag publiziert seit 1998 wissenschaftliche Arbeiten von Studenten, Hochschullehrern und anderen Akademikern als eBook und gedrucktes Buch. Die Verlagswebsite www.grin.com ist die ideale Plattform zur Veröffentlichung von Hausarbeiten, Abschlussarbeiten, wissenschaftlichen Aufsätzen, Dissertationen und Fachbüchern.

Besuchen Sie uns im Internet:

http://www.grin.com/

http://www.facebook.com/grincom

http://www.twitter.com/grin_com

Friedrich-Alexander-Universität Erlangen Nürnberg

Institut für Philosophie

Hausarbeit zum Textseminar: Wirtschaftsethik

Wintersemester: 2012/2013

Evolution & Wirtschaft

vorgelegt von:

Gino Krüger

1.Fach Politikwissenschaft

2.Fach Philosophie

Semester: 3

Inhaltsverzeichnis

Einleitung

Die tägliche Berichterstattung unserer modernen Medien, ob Tagesschau, Onlinenachrichten oder Zeitung, weist eine interessante Gemeinsamkeit auf: Sie alle berichten über das wirtschaftliche Geschehen in unserer Welt und das mit einer Frequenz, die in etwa der Wettervorhersage entspricht. Wenn wir allerdings ehrlich sind, nehmen wir diese signifikante Häufigkeit nur dann bewusst wahr, wenn mal wieder eine Wirtschaftskrise ins Haus steht. Doch da sich die Anzahl dieser, spezifisch in den letzten Jahren, beachtlich gemehrt hat, wird sich der Eine oder Andere schon einmal mit der Erkenntnis konfrontiert gesehen haben, dass die Ökonomie einen weitaus größeren Einfluss auf unser gegenwärtiges Leben hat als das Wetter. Die individuellen Schlussfolgerungen und Folgefragen, die aus dieser Erkenntnis resultieren sind jedoch äußerst differenziert. So wird der eine konkludieren, dass er angesichts dieser Sachlage Vorkehrungen treffen müsse, denn schließlich könnte man seinen Status Quo einbüßen. Während in einem anderen vielleicht Fragen aufkommen, wie: Könnte es sein, dass mein Leben zu einem nicht geringen Anteil fremdbestimmt wird? Was ist eigentlich der Zweck einer solchen Wirtschaftsweise? Resultiert unser Wohlstand aus dem Elend anderer? Rottet sich der vermeintlich vernunftbegabte Mensch etwa selbst aus?

Diese Ausarbeitung wird sich mit einer Problematik auseinandersetzen, die einst aus einer solchen Fragestellung hervorging und sich für mich sukzessive zu einem fundamentalen Problem der ethischen Reflexion entwickelt hat. Dieses grundlegende Problem ist die Frage nach dem eigentlichen Sinn bzw. der Zweckmäßigkeit des Wirtschaftens. Wobei sowohl die Dringlichkeit, als auch die Fruchtbarkeit einer nachvollziehbaren und begründeten Antwort, der Tatsache geschuldet ist, dass die gegenwärtige Ökonomie nicht in der Lage ist eine Begründung für die Tendenzen ihrer Entwicklung aufzuführen, die nicht zumindest partiell auf sich selbst rekurriert. Infolgedessen soll diese Abhandlung dem Versuchen dienen, die Grundidee des Wirtschaftens zu rekonstruieren, um so eine nachvollziehbare Begründung für wirtschaftliche Praktiken zu schaffen. Die Rekonstruktion erfolgt dabei durch Zuhilfenahme der Evolutionstheorie, welche die grundlegenden Implikationen der menschlichen Kooperation (die einer jeden Wirtschaftsform inhärent sind) erkennbar macht. Gemäß der gewonnenen Erkenntnisse wird im Schlussteil dieser Ausarbeitung eine Kritik an den gegenwärtigen Tendenzen des Wirtschaftens erfolgen.

1 Exkurs in die Evolutionstheorie

Zunächst möchte ich klarstellen, dass es keinesfalls mein Anliegen ist die Komplexität unserer gegenwärtigen Institutionen und kulturellen Güter auf primitive Triebe zu reduzieren, da dies die Mannigfaltigkeit der menschlichen Errungenschaften lediglich verkürzen und somit keine adäquate Erklärung darstellen würde. Vielmehr soll mir die Evolutionstheorie als methodologisches

Werkzeug dienen, um eine solide Basis für das Verständnis der menschlichen Charakteristika zu schaffen, die nachvollziehbare Rückschlüsse auf grundlegende Strukturen der menschlichen Kooperation erlaubt und dem gerecht wird was der Mensch wirklich ist – *Das komplexeste Tier unserer Erde.*

Dass die Evolutionstheorie sehr hilfreich für dieses Unterfangen ist, wird bereits bei oberflächlichen Betrachtung evident. Doch die ethischen Implikationen, welche bei genauerer Untersuchung zutage kommen, erachte ich als besonders fruchtbar und wertvoll. Wenden wir uns also der Evolution zu, welche allgemein als ein kontinuierlicher Vorgang der Veränderung (spezifisch der vererbbaren Merkmalen einer Population) verstanden wird.[1] Eine Variante der Evolutionstheorie kann demnach so skizziert werden:

(P1) Alle Lebewesen streben kontinuierlich nach der Reproduktion ihrer Erbinformationen (Genotyp) und somit der Erhaltung ihrer Population.

(P2) Bei der Fortpflanzung von Lebewesen werden die Gene einer Population an ihre Nachkommen weitergegeben (Replikation der Gene).

(P3) Die Reproduktions- und Überlebensfähigkeit einer Population hängt von den gegebenen Umweltfaktoren ab (bspw. Nahrungsangebot oder Klima).

(P4) Die Rahmenbedingungen der Umwelt bewirken ein Konkurrenzverhalten zwischen verschiedenen Populationen (um limitierte Faktoren wie bspw. Lebensraum und Nahrungsangebot).

(P5) Spezifische Merkmale (Phänotyp) erhöhen bei bestimmten Umweltfaktoren die Reproduktions- und Überlebensfähigkeit (Fitness) einer Population (z.B. schützt ein dichtes Fell oder eine dicke Fettschicht vor Kälte).

(P6) Die Veränderung (Variation) des Phänotyps einer Population kann durch: *Mutation* (dauerhafte Veränderung des Erbgutes durch Umwelteinflüsse), *Migration* (Ab- und Zuwanderung verschiedener Populationen) und *genetischen Drift* (drastische, zufällige Veränderung der Ausprägung eines Gens (Allele) aufgrund eines abrupten Wandels der Umweltfaktoren (bspw. durch Naturkatastrophen)) erfolgen.

Demgemäß lassen die Prämissen P1- P6 folgende Schlussfolgerungen zu:

(C1) Die Variation des Phänotyps steht in Korrelation zur Fitness einer Population (Selektionsvorteil).

(C2) Die Population, deren Phänotyp besser an die gegebenen Umweltfaktoren angepasst ist, wird sich langfristig gegenüber einer weniger gut angepassten Population durchsetzten (natürliche Selektion).[2]

---

1 Vgl. Richardson, Robert C. / Stephan, Achim: Evolution, in: Jordan, Stefan/ Nimtz, Christian (Hrsg.): Lexikon der Philosophie. Hunert Grundbegriffe, Reclam 2011, S. 84-87.
2 Vgl. Ebd. S. 84-87.

Dieser Grundriss der Evolutiontheorie mag gewiss keinen Anspruch auf Vollständigkeit genießen, nichtsdestotrotz wird er vollkommen genügen, um das Wesen des modernen Menschen genauer zu ergründen. Was können wir also über den Menschen lernen, wenn wir ihn als einen integralen Bestandteil der Natur und daher auch der Evolution anerkennen?

Zunächst lässt sich konstatieren, dass der Mensch über eine Vielzahl von *physischen* und *psychischen* Dispositionen verfügt, die uns signifikant von anderen Tieren unterscheiden. Von der Fähigkeit mit jedem einzelnen Finger unseren Daumen berühren zu können, über unsere Sprachbegabung (sowohl die physiologischen Voraussetzungen, als auch die mentale Kapazität zur Entwicklung komplexer Sprachen), bis hin zur Fähigkeit der „[...] Antizipation künftiger Bedürfnislagen"[3] (um nur einige zu nennen), verfügt der Homo sapiens über ein Repertoire von Vermögen, die in unserer Biosphäre quasi einzigartig sind. Des Weiteren kann man feststellen, dass kaum eine andere Spezies derartig viele Lebensräume erschlossen und in Anspruch genommen hat, wie wir es taten und noch immer tun (an dieser Stelle sei auch auf unser Engagement zur Erschließung neuer Lebensräume auf fremden Planeten verwiesen). Betrachtet man nun diese Charakteristika des Menschen unter den Gesichtspunkten der Evolutionstheorie, so wird deutlich, dass all das was uns auszeichnet, nichts anderes ist, als eine Reihe phänotypischer Veränderungen, die uns im Laufe unserer evolutionären Entwicklung widerfahren sind. Diese müssen sich freilich als ein entscheidender Selektionsvorteil (C1) erwiesen haben, denn schließlich haben wir nahezu jeden Lebensraum erschlossen, während unsere (genetisch) engsten Verwandten, die Schimpansen, nur in Zentral Afrika anzutreffen sind. Wie die Variation (P6), die uns faktisch nur gering von den Schimpansen unterscheidet, tatsächlich zustande gekommen ist, ist an dieser Stelle nicht weiter von Bedeutung und eher Gegenstand der anthropologischen Forschung. Für mich sind jedoch die Implikationen dieser Variation, im Kalkül unserer evolutionären Erfolgsgeschichte (C2), von gesondertem Interesse. Sofern man also die grundlegende Prämisse der Evolutionstheorie (P1), welche besagt, dass jede Art des Lebens kontinuierlich bestrebt ist ihren Genotyp zu reproduzieren, akzeptiert, kommt man unweigerlich zu der Konklusion, dass all die Charakteristika des Homo sapiens, unter den Rahmenbedingungen der Umwelt (P4) und dem Aspekt der Fitness (P5), dazu geführt haben, dass wir (zumindest noch) die erfolgreichste Spezies, in unserer Biosphäre, sind. Demnach kann die Fitness, welche den Menschen so erfolgreich macht, zunächst durchaus als das Resultat eines fundamentalen (primitiven) Triebes begriffen werden, der allen Lebewesen teilhaftig ist. Doch was im Laufe der Evolution aus diesem Trieb hervorging, ist ein Wesen dessen spezifische Vermögen es ihm gestatten, über sich selbst als Bestandteil der Welt zu reflektieren und

---

3   Schmidt-Salomon, Michael: Manifest des evolutionären Humanismus – Plädoyer für eine zeitgemäße Leitkultur, Alibri 2005, S.29.

gemäß der Erkenntnisse, über die Wechselwirkungen mit eben dieser Welt, sein künftiges Handeln zu bestimmen.

2 Die sozialen Implikationen der Evolution

Da nun ein Fundament für das Verständnis der menschlichen Natur gelegt ist, werde ich mich in diesem Abschnitt einer, meines Erachtens nach, besonders wichtigen Implikation der menschlichen Evolution zuwenden, die sowohl Ausdruck unserer kognitiven Dispositionen, als auch unserer Anpassungsfähigkeit ist – die *Kooperationsfähigkeit*.

Kooperation als Überlebensstrategie ist freilich keine Neuerfindung des Homo sapiens, eine ganze Bandbreite von Spezies praktizieren diese (so jagen Wölfe bspw. im Rudel und Ameisen organisieren sich in Kastensystemen) und sind aus diesem Grund äußerst erfolgreich bei der Erhaltung ihrer Art. Doch die Kooperation unter menschlichen Individuen hat nicht nur die Erhaltung unserer Spezies gesichert, sondern auch den Weg für den evolutionären Siegeszug des modernen Menschen geebnet. Darüber hinaus hat sich hat unsere Kooperation, über die Zeit, so weit entwickelt, dass wir heute zu Millionen in Agglomerationsräumen zusammenleben und uns in komplexen Gemeinschaften organisieren. Demnach kann die Ausprägung unserer Kooperationsfähigkeit, welche unseren mentalen Kapazitäten geschuldet ist, sowohl als Ursprung von Kultur und Fortschritt, als auch für das Entstehen von hoch entwickelten Institutionen erachtet werden. Denn erst diese ermöglichen ein Zusammenleben in komplexen Gemeinschaften.[4]

Nun gilt es zu untersuchen was unter Kooperation (zwischen menschlichen Individuen) genau zu verstehen ist.

Allgemein bedeutet Kooperation soviel wie „zusammenarbeiten"[5], da jedoch allerhand unter diesem Terminus subsumiert werden kann, erachte ich es als sinnvoll den Begriff durch eine Definition einzugrenzen und genauer zu analysieren. Folglich kann Kooperation definiert werden als:

„[...] eine politische, wirtschaftliche oder soziale Strategie, die auf Zusammenarbeit und Austausch mit anderen basiert und zielgerichtet den (möglichen) eigenen Nutzen auf den Nutzen der [Kooperationspartner] abstimmt."[6]

---

4   Vgl. Mohr, Hans: Evolutionäre Ethik als Biologische Theorie, in: Lütterfelds, Wilhelm (Hrsg.): Evolutionäre Ethik – Zwischen Naturalismus und Idealismus. Beiträge zu einer modernen Theorie der Moral, Wissenschaftliche Buchgesellschaft Darmstadt 1993, S.19-31, hier S.25f.
5   Artikel: Cooperation, in: Oline Etymology Dictionary. Abgerufen unter http://www.etymonline.com/index.php?term=cooperation&allowed_in_frame=0 (Stand: 02.03.2013).
6   Artikel: Kooperation, in: Bundeszentrale für politische Bildung. Abgerufen unter http://www.bpb.de/nachschlagen/lexika/politiklexikon/17749/kooperation (Stand: 02.03.2013).

Besonders interessant an dieser Definition ist, dass sie verdeutlicht dass das Kooperationsvermögen durch andere, kognitive Vermögen konstituiert wird. Neben der Sprachbegabung sind vor allem die Fähigkeit von bekannten Zuständen (wie z.b. Hunger) zu *abstrahieren* und daher künftige Sachlagen zu *antizipieren* (was sowohl *Lernfähigkeit*, wie auch *Planungsfähigkeit* in Anspruch nimmt[7]) und ein Vermögen, welches uns gestattet Nutzen zu kalkulieren, von besonderer Bedeutung. Zugegebenermaßen mag es erst einmal bizarr klingen, dass wir von Natur aus mit einem solchen Vermögen ausgestattet sein sollen. Doch betrachtet man die erste Prämisse (P1) der Evolutionstheorie unter diesem Aspekt, so wird man feststellen, dass das was sie artikuliert, lediglich ein genuin eigennütziges Streben ist, welches allen Lebewesen zugrunde liegt[8]. Demnach können wir schlussfolgern, dass auch der Mensch (partiell) von diesem eigennützigen Streben getrieben wird. Des Weiteren können wir annehmen, dass er aufgrund seiner mentalen Kapazitäten, durchaus in der Lage ist von diesem fundamentalen Trieb zu abstrahieren. Diese *Abstraktionsfähigkeit* manifestiert sich u.a. in der Entwicklung von Strategien (wie bspw. das Jagen mit Waffen und Fallen), welche sich bei der Verfolgung von bestimmten Zielen (so auch unseres primären Ziels – das Überleben), als geeignete Mittel erweisen. Folglich kann dem Homo sapiens eine Befähigung unterstellt werden, die es ihm erlaubt die Nützlichkeit einer Sache oder einer Strategie einzusehen, was anders gesprochen, ein Vermögen ist, das es uns gestattet ein Mittel ausfindig zu machen, welches das Erreichen eines anvisierten Zieles ermöglicht – diese Befähigung werde ich fortan als *instrumentelle Vernunft* bezeichnen.[9]

Dass es eine Einsicht in den Nutzen der kooperativen Verhaltensweise gab, wird durch archäologische Funde gestützt, welche darauf verweisen, dass der Homo sapiens des späten Pleistozän (ca. 100000 bis 30000 Jahre vor unserer Zeitrechnung) begann sich in größeren Jagdgemeinschaften zu organisieren.[10] Diese Verbände ermöglichten unseren Vorfahren die Jagd auf Großwild, was eine Verbesserung der Nahrungsversorgung und damit verbunden eine Vergrößerung der Population nach sich zog.

Das Kooperationsvermögen des modernen Menschen kann also als eine Fähigkeit verstanden werden, welche uns die Organisation in sozialen Verbänden (Institutionen) ermöglicht, diese dienen zunächst nur als Mittel zum Zweck, um das gemeinsame Interesse der Kooperierenden zu

---

7   Vgl. Schmidt-Salomon, Michael: Manifest des evolutionären Humanismus, S.29f.
8   Vgl. Wickler, Wolfgang / Seibt, Ulla: Das Prinzip Eigennutz. Ursachen und Konsequenzen sozialen Verhaltens. Hamburg 1977, passim.
9   Vgl. Horkheimer, Max: Zum Begriff der Vernunft, in: M. Horkheimer/Th. W. Adorno: Sociologica II. Reden und Vorträge, Frankfurt/M 1962, S. 193ff.
10 Der moderne Mensch agierte bis dato überwiegend in Sippen, welche ebenfalls als eine Form Sozietät zu verstehen sind und daher auch kooperatives Verhalten bedingen. Diese familiären Gemeinschaften unterliegen jedoch spezifischen Verhaltensweisen die nicht Gegenstand meiner Untersuchung sind. Vgl. Mohr, Hans: Evolutionäre Ethik als Biologische Theorie S.23ff.

befördern.[11] Daher beruht das Bestehen einer solchen Gemeinschaft (anfangs) lediglich auf dem wechselseitigen Nutzen, der aus der Kooperation hervorgeht, was bedeutet, dass sich selbst eine solch primitive Form der sozialen Gemeinschaft durch ein grundlegendes Prinzip konstituiert – *das Prinzip der Fairness*.

3 Kooperation und Fairness

Ich möchte an dieser Stelle klarstellen, dass ich den modernen Menschen nicht als „Homo oeconomicus" identifiziere, welcher aufgrund seiner genetischen Veranlagungen dazu gezwungen ist die Welt durch ein Nutzenkalkül wahrzunehmen. Die Erkenntnis, dass wir evolutionär mit einer solchen Begabung ausgestattet sind, bedeutet meiner Meinung nach noch längst nicht, dass die Gesamtheit unseres Handels durch die biologischen Determinanten unserer Gene bestimmt wird. Vielmehr gestattet uns diese Erkenntnis einen Einblick in die Kapazitäten des menschlichen Vermögens, welche das Fundament für eine Ethik stellen können, die gänzlich ohne willkürliche oder gar metaphysische Annahmen über die menschliche Natur auskommt.

Was kann demnach als die Basis einer (zunächst) primitiven Institution erachtet werden?[12] Wir haben bisher in Erfahrung gebracht, dass der Homo sapiens über eine Vielzahl von Dispositionen verfügt, die sich auf unsere evolutionäre Entwicklung zurückführen lassen. Eines dieser Vermögen ist die *Kooperationsfähigkeit*, welche durch die *instrumentelle Vernunft* und unsere *Antizipationsfähigkeit* konstituiert wird[13]. Die instrumentelle Vernunft haben wir wiederum als ein Vermögen identifiziert, welches uns befähigt für ein angestrebtes Ziel ein Mittel ausfindig zu machen, das uns das Erreichen des Ziels ermöglicht, ergo befähigt sie uns zur Einsichtnahme in den möglichen Nutzen einer Entität. Des Weiteren habe ich argumentiert, dass die Strategie des kooperativen Verhaltens vorerst aus evolutionärer Perspektive zu betrachten ist, da sie wahrscheinlich eine Anpassung an die Rahmenbedingungen der Umwelt (bspw. Nahrungsknappheit oder Klimaveränderung) darstellte. Folglich diente sie unseren Vorfahren als Mittel um ihr primäres Interesse zu verfolgen – das Überleben. Freilich kann das *Ziel des Überlebens* als Äquivalent zum

---

11 Diese Art von Zweckbündnis stellt, meiner Meinung nach, die Grundlage einer jeden Institution dar, denn aus ihrem Bestehen entspringt Sicherheit, welche die Kooperationsgemeinschaft zusammenhält und eine emotionale Verbundenheit zwischen den interagierenden Individuen erwachsen lässt. Diese Verbundenheit resultiert in der Entstehung eines gemeinsamen Ethos, der durch ein Zusammenleben auf der Grundlage von moralischen und sozialen Gefühlen gekennzeichnet ist . Zum Thema der moralischen Gefühle siehe: Bonar, James: The Theory of Moral Sentiments by Adam Smith, in: Journal of Philosophical Studies, Vol. 1, 1926, S.333–353.

12 Als primitive Institution erachte ich jene Art von Sozietäten, die lediglich ein Mittel zum Zweck, für das Erlangen von extrinsischen Gütern darstellen (bspw. Verteidigungsbündnisse). Demgegenüber stehen zivilisierte Institutionen, die sowohl auf das Erlangen von extrinsischen wie auch intrinsischen Gütern abzielen und durch einen spezifischen Ethos geprägt sind (z.B die Institution des Rechtsstaates). Wobei ich die primitiven Institutionen als notwendigen Unterbau für das Entstehen von zivilisierten Gemeinschaften erachte. Zum Thema der Rechtsstaatlichkeit siehe: Kant, Immanuel: Die Metaphysik der Sitten, S. 305-314.

13 Unsere Fähigkeit gezielt zu kooperieren wird durch weitere Vermögen (z.B. die Sprechbegabung) ergänzt, welche ich an dieser Stelle nicht weiter erörtern kann.

Streben nach der Erhaltung der eigenen Art bzw. der Reproduktion der Gene verstanden werden, wie es prinzipiell allen Lebewesen zugrunde liegt. Demnach kann darauf geschlossen werden, dass die Kooperation zwischen Homo sapiens anfänglich auf der Grundlage eines kongruenten Strebens nach Selbsterhaltung basierte.

Die Basis einer primitiven Institution bildet also ein gemeinsames Interesse der kooperierenden Parteien, welches durch die zielgerichtete Interaktion befördert werden *soll,* daher obliegt jeder Institution ein *normativer Anspruch* (die Wahrung des Interesses der partizipierenden) der sich in der Konstitution von Verhaltensnormen manifestiert. Des Weiteren wird die Zweckmäßigkeit dieser Sozietät zum Garant für ihr Fortbestehen, denn sollte sich diese für das Verfolgen eines spezifischen Interesses als ineffektiv erweisen, so ergäbe sich kein Nutzen aus ihr – was die instrumentelle Vernunft zur Richtinstanz für kooperatives Verhalten macht. Daraus folgt, dass einer primitiven Institution zwei fundamentale Elemente zugrunde liegen: 1.) Eine Zielsetzung, die dem Interessenkonsens der kooperierenden entspricht; und 2.) Normen, welche eine verbindliche Berücksichtigung der Interessenparteien bewirken und aus diesem Grund von den kooperierenden *vernünftigerweise* eingefordert werden. Die Normierung einer Sozietät, welche meiner Meinung nach essenziell für ihre Funktionalität ist, erfolgt demnach nach auf Basis eines Konzeptes das von allen Teilnehmern als *nützlich* anerkannt wird.

Dass Regeln ein notwendiger Bestandteil für beständige Kooperation sind, wird besonders deutlich wenn man sich vor Augen führt dass eine solche Sozietät zunächst nur durch ein eigennütziges Streben der Teilnehmer entsteht, welches gemäß der instrumentellen Vernunft als zweckmäßiges Mittel erachtet wird, um ebendieses zu befördern. Geht man des Weiteren davon aus, dass die kooperierenden keinerlei moralische oder soziale Gefühle für einander hegen, so erschließt sich, dass primitiven Institutionen eine dilemmatische Struktur zugrunde liegt, die nur durch eine vernünftige Normierung aufgelöst werden kann. Das Dilemma, das einer solchen Kooperationsgemeinschaft inhärent ist, kann folgendermaßen skizziert werden:

Man stelle sich vor dass eine Sippe A und eine Sippe B, der Gattung Homo sapiens, sich während der letzten Kaltzeit in Europa begegnen. Diese Jäger und Sammler sehen sich durch die lebensfeindlichen Umweltbedingungen (Nahrungsknappheit) in ihrer Existenz bedroht und entschließen sich dazu einen Jagdverband organisieren, um Jagd auf Mammuts zu betreiben. Mit geeinten Kräften gelingt es ihnen schließlich ein junges Mammut zu erlegen, ergo erweist sich der Jagdverband als nützliches Mittel um in Zeiten der Nahrungsknappheit zu überleben. Jeder Sippe stehen nun zwei Entscheidungsmöglichkeiten offen: 1.) Sie rauben die Beute und sichern somit ihr eigenes Bestehen für einen langen Zeitraum; oder 2.) Sie teilen die Beute mit der jeweils anderen Sippe und sichern somit ihre Existenz, inklusive der Möglichkeit weiterhin zu kooperieren, für einen mittleren Zeitraum. Die Möglichkeit von der jeweils anderen Sippe beraubt zu werden, bedeutet jedoch den sicheren Tod für die beraubte Sippe und da beide Sippen primär durch ein Streben nach Selbsterhaltung getrieben werden, kommt es zu einer Situation der keiner der beiden das Risiko eingehen kann beraubt zu werden. Folglich würden beide Sippen versuchen zu rauben, um nicht beraubt zu werden. Das Resultat wäre eine gewaltsame Auseinandersetzung, die schwerwiegende Folgen für beide Sippen nach sich ziehen würde und die Möglichkeit einer künftigen Zusammenarbeit ausschließt.[14]

Die Ergänzung der Kooperation durch ein Normensystem, welches anhand des Interessenkonsens der Interagierenden und deren Gebrauch der instrumentellen Vernunft konstituiert wird, stellt eine Möglichkeit dar um ein derartiges Kooperationsdilemma aufzulösen. Denn ein solches Normensystem suggeriert Verbindlichkeit auf Basis des Nutzens. Wie muss nun ein solches Normensystem beschaffen sein, um von allen Teilnehmern als nützlich anerkannt und aus diesem Grund eingefordert zu werden? Zunächst bedarf es eines Konzeptes, das den Konsens der kooperierenden als verbindliches Ziel der Interaktion deklariert und die Reziprozität der Einzelinteressen artikuliert. Sofern die vernunftbegabten Teilnehmer nun einsehen, dass die Gleichberechtigung der jeweiligen Partikularinteressen das größte Maß an Sicherheit bedeutet (da die Furcht beraubt zu werden, die entscheidende Faktor für das Entstehen des Gefangenendilemmas ist, um ein Vielfaches reduziert wird), werden jene sich auf ein derartiges Konzept einigen, weil es der langfristigen (solange die Zweckmäßigkeit gewährleistet ist) Beförderung ihres Interesses dienlich ist.[15]

Ein derartiges Konzept finden wir in unserer Vorstellung von *Gerechtigkeit*, welche im Laufe unserer Entwicklung einen genauso kontinuierlichen Wandel erfuhr wie die Institutionen, in denen wir uns organisierten und noch immer organisieren. Es scheint also, dass der präskriptive Anspruch der einer Sozietät inhärent ist, der Anspruch auf ein normatives Gut ist dessen Wert nur uns Menschen zugänglich ist – Gerechtigkeit[16]. Der US-amerikanische Philosoph John Rawls, eine Koryphäe der zeitgenössischen Philosophie, konstruiert in seinem Werk "Justice as Fairness" eine Konzeption der Gerechtigkeit (sozialer Institutionen), die auf der Basis der reziproken Gleichberechtigung (der Gesellschaftsmitglieder), Prinzipien hervorbringt, die ein faires Zusammenleben zum wechselseitigen Vorteil ermöglichen sollen. Diese Gerechtigkeitskonzeption, stellt meiner Einschätzung nach, eine besonders fruchtbare Basis für ein funktionales Normensystem dar, denn ihre Geltungskraft resultiert aus der vernunftgemäßen Einsicht der Partizipierenden. Die zwei Prinzipien, die der Rawls'schen Konzeption zugrunde liegen, können

---

14 Zum Gefangenendilemma Vgl. Suchanek, Andreas: Ökonomische Ethik, Mohr Siebeck ²2007, S. 53f.
15 Vgl. Ebd. 154ff.
16 Allgemein wird Gerechtigkeit zwar als ein intrinsisches Gut identifiziert, doch meiner Meinung nach ist vor allem die pragmatische Funktion der Gerechtigkeit, das was wir besonders an ihr schätzen, denn sie ermöglicht uns ein friedliches Zusammenleben auf der Grundlage eines gemeinsamen Interesses.

demnach auch (in abgewandelter Form) auf Kooperationsgemeinschaften appliziert werden, die über noch keinen institutionellen Rahmen verfügen:

1.) Die Kooperationsteilnehmer haben den gleichen Anspruch auf das Angestrebte Ziel des des Zusammenwirkens.

2.) Eine nicht reziproke Distribution des Kooperationserzeugnisses ist grundlegend ausgeschlossen, es sei denn: a) Sie trägt vernünftigerweise zum Vorteil aller Interagierenden bei; und b) Es ist allen Teilnehmern gleichermaßen möglich in eine Position zu gelangen, die eine ungleiche Distribution rechtfertigt. [17]

Diese zwei Prinzipien der Fairness bilden eine Konzeption der Gerechtigkeit, deren Nutzen sich durch den Gebrauch der instrumentellen Vernunft offenbart und kommt somit für die Kooperierenden als Grundlage eines Normensystems infrage. Angenommen die Kooperationsgemeinschaft erkennt den Nutzen einer solchen Konzeption und entschließt sich demgemäß ihre Sozietät zu institutionalisieren, so können sie ein gewisses Maß an Verbindlichkeit und daher Sicherheit für das zusammenwirken generieren. Doch die Verbindlichkeit einer solch primitiven Institution steht in direkter Korrelation mit der vernünftigen Einsicht, dass jene Institution langfristig von Nutzen sein wird. Was bedeutet, dass sofern Zweifel an der beständigen Nützlichkeit der Gemeinschaft aufkommen (und es zu noch keiner emotionalen Verbundenheit zwischen den Kooperierenden gekommen ist), so wird eine der Parteien., mit großer Wahrscheinlichkeit, die gemeinsamen Normen verletzen und den Kooperationspartner ausnutzen. De facto ist die Sicherheit einer primitiven Institution also nur so groß wie jene zweckmäßig und ihre Mitglieder vernünftig sind. [18]

4 Die kooperative Praktik des Wirtschaftens

Im vorherigen Kapitel habe ich argumentiert, dass Kooperation auf der Basis eines Konsens, über ein kongruentes Interesse, zustande kommt. Dies stellt jedoch nur einen möglichen Ausgangspunkt für ein zielgerichtetes Zusammenwirken dar, denn nicht selten herrscht in einer Institution Konsens über komplementäre oder kompatible Interessen. In diesem Kapitel wird demgemäß eine

---

17 Vgl. Rawls, John: Justice as Fairness, in: The Philosophical Review, Vol. 67, No. 2 (Apr. 1958), S. 165.
18 Dieses Problem ist darauf zurückzuführen, dass primitive Institutionen über keine Sanktionsmechanismen (wie bspw. die des positiven Rechtes) im eigentlichen Sinne verfügen, welche die verbindliche Einhaltung der vereinbarten Normen erzwingen könnten. Dennoch beinhalten auch primitive Institutionen ein Prinzip, das als Sanktionsmechanismus fungiert: Die Exkommunikation. Diese Exkommunikation ist nicht als Ausschluss aus einer moralischen Gemeinschaft zu verstehen, sondern vielmehr als kollektiver Ausschluss aus dem Kontingent der potentiellen Kooperationspartner. Was anders gesprochen bedeutet, dass jene die Rauben und regeln Brechen höchstwahrscheinlich keine Kooperationspartner mehr finden werden und sich daher quasi selbst benachteiligen. Zum Thema der Exkommunikation vgl. Tugendhat, Ernst : Wie sollen wir Moral verstehen ?, in: Aufsätze 1992-2000, Frankfurt/M. 2001, S.164.

11

spezifische Art der Kooperation untersucht, die unser heutiges Leben gänzlich durchdringt und bestimmt – das Wirtschaften.

„Wirtschaften heißt Werte schaffen – aber welche Werte [und] für wen eigentlich?"[19] Anhand dieser Fragestellung möchte ich zunächst ursprüngliche Idee des Wirtschaftens rekonstruieren und verdeutlichen was Wirtschaft als kooperative Interaktion eigentlich ausmacht. Da die wirtschaftliche Tätigkeit ein genuin menschliches Verhalten ist, erschließt sich bereits dass es hauptsächlich um die Schaffung von Werte gehen muss, die für den Menschen von Interesse sind. Das menschliche Interesse ist allerdings (besonders in der Gegenwart) äußerst facettenreich und unterliegt einem stetigen Wandel, was scheinbar auch die Zweckmäßigkeit der Ökonomie stark verzerrt. Doch betrachtet man das Wirtschaften aus einer evolutionären Perspektive, so wird offensichtlich, dass das Interesse, welchem es ursprünglich dienlich sein sollte, das Überleben war. Ergo kann die wirtschaftliche Praktik als ein Mittel begriffen werden, welches grundsätzlich der Erzeugung von knappen Gütern gilt, die für unser Fortbestehen notwendig sind. Die geplante Produktion von Lebensmitteln (im weitesten Sinne) ist nach anthropologischen Erkenntnissen auf die fundamentalen Umwälzungen des Neolithikums (etwa 9000 Jahre vor unserer Zeitrechnung) zurückzuführen. Wobei die signifikanteste Veränderung darin bestand, dass sich unsere Vorfahren vom nomadischen Jäger- und Sammlerdasein abkehrten und begannen einen sesshaften Lebensstil, auf Grundlage der Domestizierung von Tieren und Pflanzen, zu praktizieren.[20] Die Menschen der Jungsteinzeit begannen also jene Güter zu erzeugen, die für ihr Überleben von entscheidender Bedeutung waren und waren somit unabhängiger von den Rahmenbedingungen der Umwelt (bspw. den Wildpopulationen). Zudem brachten Agrikultur und Viehzucht einen weiteren Vorteil mit sich, sie waren weitaus *effizienter* und ermöglichten unseren Vorfahren sogar mehr zu produzieren als de facto benötigt wurde. Diese Überproduktion von Gütern eröffnete ihnen neue Möglichkeiten: 1.) Das Anlegen von Vorräten; und 2.) Den Tausch von überschüssigen Gütern gegen solche die benötigt oder begehrt wurden. Das Horten und Handeln von Gütern wurde zum Inbegriff des Wirtschaftens und erwies sich als Erfolgsrezept der frühen Hochkulturen.[21]

Andererseits sind Agrikultur und Viehzucht äußerst arbeitsintensiv, was ein immenses Humankapital voraussetzt (wobei jede Art des Wirtschaftens ein gewisses Kontingent an Kapital voraussetzt), um überhaupt wirtschaften zu können. Demnach ist die Funktionalität derartiger Wirtschaftens immer an die Partizipation von Arbeitskräften und deren koordiniertes Zusammenwirken gebunden. Um das zu bewerkstelligen bedarf es der Konstruktion und

---

19 Ulrich, Peter: Zivilisierte Marktwirtschaft – Eine wirtschaftsethische Orientierung, Haupt 2010, S.19.
20 Vgl. Ebd, S.22
21 Vgl. Artikel: Neolithische Revolution, in: Wikipedia – Die freie Enzyklopädie. Abgerufen unter http://de.wikipedia.org/wiki/Neolithische_Revolution (Stand: 25.03.2013).

Institutionalisierung von Kooperations-gemeinschaften[22], die den bereits erörterten Bedingungen genügen müssen, sodass die Individuen (bzw. die sozialen Gruppen) bereitwillig partizipieren. Doch im Gegensatz zu anderen primitiven Institutionen kann der Interessenkonsens einer Wirtschaftsgemeinschaft sehr mannigfach sein. So ging es den Menschen des frühen Neolithikums noch hauptsächlich um die Versorgung mit primären Gütern (daher ein kongruentes Interesse), während, bedingt durch die kontinuierlich *effizienter* werde Ökonomie und *technologische Innovation*, darüber hinaus eine Art der wirtschaftliche Kooperation, die vor allen auf komplementären Interessen fußt, zusehends an Bedeutung gewann. Diese Art der wirtschaftlichen Kooperation ist der Handel und auch hier gelten die selben Prinzipien wie bei jeder anderen Sozietät: 1.) Es muss ein Konsens über das Ziel der Interaktion bestehen; und 2.) Bedarf es ein gewisses Maß an Verbindlichkeit (bzw. Sicherheit), sodass der Argwohn gegenüber den potentiellen Kooperationspartnern schwindet und man bereitwillig mit jenen zusammenwirkt. Aus diesem Grund bedarf auch eine Handelsgemeinschaft, bzw. der jeweilige Markt (als Ort des Handelsgeschehens), auf welchem zum reziproken Nutzen der Teilnehmer gewirkt werden soll, gewisser Regularien, die durch Institutionalisierung geschaffen werden können und aus der Einsichtnahme der instrumentellen Vernunft hervorgehen.

5 Zweckmäßigkeit des Wirtschaftens & ökonomische Rationalität

In Kapitel 3 dieser Ausarbeitung habe ich argumentiert, dass wir auf Grund unserer spezifischen Entwicklung in der Lage sind von dem fundamentalen Trieb, der allen Lebewesen inhärent ist, zu abstrahieren und demgemäß Strategien entwickeln und praktizieren, die unserem primären Ziel (zu überleben) von Nutzen sind. Gemäß diesem Kalkül stellt auch die Praktik des Wirtschaftens zunächst nur ein Mittel dar, welches sich als besonders zweckmäßig für das Verfolgen dieses Ziels erwiesen hat. Es hat sich sogar so sehr bewehrt, dass wir mehr generieren als ursprünglich notwendig war um unsere primären Bedürfnisse zu befriedigen. Dieses erwirtschaftete Plus ermöglicht es uns, wie bereits erwähnt, sowohl das Anlegen von Vorräten (die Schaffung Sicherheit angesichts der ungewissen Umstände der Zukunft), als auch den Handel, welcher der Erfüllung diverser sekundärer Bedürfnisse dienlich ist. Anders gesprochen ist dieses ökonomische Plus die Grundlage unserer Idee des Wohlstandes, denn es gewährt uns die Sicherheit, Zeit und die Möglichkeiten uns zu entfalten und daher unserem Leben einen Sinn gegen, der jenseits des bloßen Überlebens liegt. Doch meiner Ansicht nach ergibt sich aus den Möglichkeiten, die uns 'der Mehrwert des Wirtschaftens' gewährt, auch eine Art Selbstverpflichtung, die sich aus der Einsichtnahme des Nutzens der Ökonomie, bzw. jenes Prinzips das der Ökonomie zugrunde liegt –

---

22 Oder einer Form der Sklaverei.

das Prinzip der Effizienz, ableitet. Der Inhalt dieser Pflicht, der genauso der instrumentellen Vernunft entspringt wie *die Idee der Effizienz* selbst, offenbart sich bei genauer Betrachtung dessen was als ökonomische Rationalität (das Agieren gemäß des Prinzips der Effizienz) verstanden wird:

„Mit knappen Mitteln den größtmöglichen Nutzen zu erzielen oder umgekehrt einen definierten Zweck mit geringstmöglichen Mitteleinsatz zu erreichen, heißt verfügbare Ressourcen effizient einzusetzen."[23]

Das Prinzip der Effizienz artikuliert demnach, dass angesichts des Faktums der Ressourcenknappheit, nutzenmaximierend gewirtschaftet werden soll. Wobei es hier von besonderer Bedeutung ist, dass Knappheit nicht auf eine mikroökonomische Größe reduziert wird, sondern im weitesten Sinne als ökologische Knappheit[24] verstanden werden muss, die eine allgemeine Begrenztheit oder sogar Endlichkeit der Ressourcen ausdrückt. Denn jeder der versteht, dass die Oberfläche einer Kugel eine begrenzte Fläche ist, wird auch verstehen dass die Fläche unserer 'Erdkugel' begrenzt ist, was die natürliche Begrenzung der Ressourcen impliziert und daher eine der signifikantesten Rahmenbedingung des Wirtschaftens darstellen muss.[25] Akzeptiert man also das Prinzip der Effizienz als Maxime des Wirtschaftens und handelt gemäß dieser, so wirtschaftet man gemäß der vernünftigen Einsicht[26], dass jene Güter die für uns einen *Wert* darstellen, einer gewissen (natürlichen) Limitierung unterliegen. Folglich muss effizientes Wirtschaften beinhalten, dass begrenzte Ressourcen so eingesetzt werden, dass eine möglichst langfristige Nutzung dieser gewährleistet werden kann.

Sofern man diese Implikationen der ökonomischen Rationalität nicht verleugnet und man beansprucht gemäß der Effizienzmaxime zu wirtschaften, erfolgt meiner Meinung nach eine gewisse Selbstverpflichtung aus diesem Anspruch. Diese beinhaltet, dass das ökonomische Plus das aus der effizienten Wirtschaftsweise hervorgeht, (partiell) dazu genutzt werden muss, um die Effizienz der wirtschaftlichen Praktik weiter zu steigern. Anders gesprochen, wer beansprucht effizient zu sein, der muss auch dafür sorgen, dass sich die Effizienz der wirtschaftlichen Praktik, in einem korrelativen Verhältnis zur Ausbeutung der knappen Ressourcen entwickelt. Daher ist

---

23 Ulrich, Peter: Zivilisierte Marktwirtschaft , S.21.
24 Vgl. Artikel: Ökologische Knappheit, in: Gabler Wirtschaftslexikon. Abgerufen unter http://wirtschaftslexikon.gabler.de/Definition/oekologische-knappheit.html (Stand: 26.03.2013).
25 Die Implikationen der Kugelgestalt der Erde sind gewiss keine neue Erkenntnis, doch werden unter den Gesichtspunkten unseres gegenwärtigen Wirtschaftsparadigmas gern ausgeblendet. Vgl. Kant, Immanuel: Die Metaphysik der Sitten, S.262 -268.
26 Das heißt gemäß der Einsicht: Dass jene Entitäten, die durch den Gebrauch unserer instrumentellen Vernunft als geeignete Mittel für das Verfolgen einer bestimmten Zielsetzung identifiziert wurden, so einzusetzen sind, dass ihre Nützlichkeit nicht verloren geht.

Forschung und die aus ihr hervorgehende Innovation, ein integraler Bestandteil der Ökonomie selbst, welche sowohl für die beständige Aufrechterhaltung unseres Wohlstandes, als auch den langfristigen Erhalt unseres Überlebens von unerlässlicher Bedeutung sind. Folglich kann die Zweckmäßigkeit des Wirtschaftens nur darin bestehen, dass in Anerkennung der ökologischen Knappheit, Ressourcen so eingesetzt werden, dass die Beständigkeit der Lebensqualität (aller Teilnehmer der wirtschaftlichen Kooperationsgemeinschaft) und die langfristige Sicherung unseres Überlebens garantiert wird.

6 Kritik an den gegenwärtigen Tendenzen des Wirtschaftens

Am Beginn dieser Ausarbeitung habe ich auf das vermehrte Auftreten ökonomischer Krisen rekurriert, um das gewisse Maß an Argwohn gegenüber der Wirtschaft, welches höchstwahrscheinlich in vielen Köpfen bereits vorhanden ist, in Erinnerung zu rufen. Das dieses Misstrauen eine gewisse Berechtigung hat, lässt sich freilich aus den gewonnenen Erkenntnissen, über die Grundlagen der menschlichen Kooperation und des Wirtschaftens, erschließen. Weiterhin offenbart der Vergleich zwischen den normativen Ansprüchen, die durch die Zweckmäßigkeit des Wirtschaftens artikuliert werden, und dem Faktum der realen Entwicklungstendenzen unserer Wirtschaftsformen, eine weitaus ernüchterndere Erkenntnis. Es scheint nämlich der Fall zu sein, dass unsere derzeitige Ökonomie nicht nur kaum den normativen Ansprüchen genügt, sondern sogar mit unserem primären Interesse (welchem sie eigentlich dienlich sein sollte) gewissermaßen konfligiert. Diese äußerst bizarre Entwicklung der Wirtschaft, von einem vernunftgemäßen Mittel hin zu einem eigenständigen System, das um seiner Selbstwillen und nach einer eigenen Logik agiert, wird langfristig dem Erhalt und dem Wohlergehen der menschlichen Spezies mehr schaden als nutzen.

Jedoch manifestieren sich die sozioökonomischen und ökologischen Nebenwirkungen dieser Transformation bereits in der Gegenwart, womit nicht nur auf die erhöhte Frequenz subsystemischer Wirtschaftskrisen und ökologischer Katastrophen verwiesen sei, sondern auch auf die zunehmende Durchdringung aller Lebensbereiche durch die Ökonomie. Freilich erachtet die Majorität der Wissenschaften diese Ökonomisierung nicht als ideologische Überformung unserer modernen Zivilisation, sondern (gemäß des 'consensus sapientium') vielmehr als eine notwendige Folgeentwicklung, die aus den 'systemimmanenten Sachzwängen' (das sind die 'objektiven Rahmenbedingung', eines von Menschenhand geschaffenen Systems) der globalisierten Wirtschaft resultiert. Eingebettet in dieses Kalkül, ist eine verkürzte Rationalität des Wirtschaftens (d.i. die schlichte betriebswirtschaftliche Gewinnmaximierung), welche originell verpackt in der altbewährten Gemeinwohlrhetorik, zur obersten Maxime unserer Wohlfahrtsgesellschaft und somit natürlich auch zur vorherrschende Doktrin der Politik (im Spektrum von rechts bis links) erwachsen ist.[27] Doch so grotesk diese Entwicklung auch anmuten mag, es bleibt weiterhin fragwürdig wann oder ob wir überhaupt einsehen werden, dass eine solche selbstzweckliche Wirtschaftsform nicht in unserem Interesse sein kann.

---

27 Vgl. Ulrich, Peter: Zivilisierte Marktwirtschaft , S. 25- 39

Literaturverzeichnis

- Aristoteles: Politik, Reclam 1989.
- Artikel: Cooperation, in: Oline Etymology Dictionary. Abgerufen unter
  http://www.etymonline.com/index.php?term=cooperation&allowed_in_frame=0 (Stand: 02.03.2013).
- Artikel: Kooperation, in: Bundeszentrale für politische Bildung. Abgerufen unter
  http://www.bpb.de/nachschlagen/lexika/politiklexikon/17749/kooperation (Stand: 02.03.2013).
- Artikel: Neolithische Revolution, in: Wikipedia – Die freie Enzyklopädie. Abgerufen unter
  http://de.wikipedia.org/wiki/Neolithische_Revolution (Stand: 25.03.2013).
- Artikel: Ökologische Knappheit, in: Gabler Wirtschaftslexikon. Abgerufen unter
  http://wirtschaftslexikon.gabler.de/Definition/oekologische-knappheit.html (Stand: 26.03.2013).
- Bonar, James: The Theory of Moral Sentiments by Adam Smith, in: Journal of Philosophical Studies, Vol. 1,
  1926, S.333–353.
- Dawkins, Richard: The Selfish Gene, Oxford University Press 1976.
- Eckhart, Arnold: Potential und Grenzen einer evolutionären Ethik – Diskussionsbeitrag zu Hans Mohr:
  Evolutionäre Ethik, in: in: Erwägen, Wissen, Ethik, Jg. 21/2010 Heft 2, S. 242-245.
- Engels, Eve-Marie: Charles Darwin, C.H.Beck 2007.
- Götzelmann, Arnd: Wirtschaftsethik Workshop kompakt – Ein Studien- und Arbeitsbuch zur Einführung in
  die ökonomische Ethik, Norderstedt 2010.
- Heuser, Uwe Jean: Humanomics – Die Entdeckung des Menschen in der Wirtschaft, Campus Verlag 2008.
- Horkheimer Max: Zum Begriff der Vernunft, in: M. Horkheimer/Th. W. Adorno: Sociologica II. Reden und
  Vorträge, Frankfurt/M 1962.
- Kant, Immanuel: Die Metaphysik der Sitten, Reclam 1990.
- Mahlmann, Matthias: Rationalismus in der praktischen Theorie – Normentheorie und praktische Kompetenz,
  Nomos ²2009.
- Mohr, Hans: Evolutionäre Ethik als Biologische Theorie, in: Lütterfelds, Wilhelm (Hrsg.): Evolutionäre Ethik
  – Zwischen Naturalismus und Idealismus. Beiträge zu einer modernen Theorie der Moral, Wissenschaftliche
  Buchgesellschaft Darmstadt 1993, S.19-31.
- Rawls, John: Justice as Fairness, in: The Philosophical Review, Vol. 67, No. 2 (Apr. 1958), S. 164 – 194.
- Richardson, Robert C. / Stephan, Achim: Evolution, in: Jordan, Stefan/ Nimtz, Christian (Hrsg.): Lexikon der
  Philosophie. Hunert Grundbegriffe, Reclam 2011, S. 84-87.
- Schmidt-Salomon, Michael: Manifest des evolutionären Humanismus – Plädoyer für eine zeitgemäße
  Leitkultur, Alibri 2005.
- Suchanek, Andreas: Ökonomische Ethik, Mohr Siebeck ²2007.
- Tugendhat, Ernst : Wie sollen wir Moral verstehen ?, in: Aufsätze 1992-2000, Frankfurt/M. 2001, S.163 -184.
- Ulrich, Peter: Zivilisierte Marktwirtschaft – Eine wirtschaftsethische Orientierung, Haupt 2010.
- Wickler, Wolfgang / Seibt, Ulla: Das Prinzip Eigennutz. Ursachen und Konsequenzen sozialen Verhaltens.
  Hamburg 1977, passim.